AF254018

Oc
350

Oc
1350

A L'ESPAGNE

UN CONSEIL AMICAL

PAR

A. DE GUÉRIN DU CAYLA

BORDEAUX

IMPRIMERIE DE J. DELMAS

Rue Sainte-Catherine, n° 139.

1866

A L'ESPAGNE

UN CONSEIL AMICAL

Les événements qui se produisent de l'autre côté des monts frappent tous les esprits consciencieux, et un pays qui fut toujours lié à notre propre histoire ne peut manquer de compter beaucoup de sympathies de ce côté des Pyrénées. Nous sommes des amis de l'Espagne, et nous éprouvons le besoin de dire notre impression avec toute la franchise que comporte un pareil sujet. Un journal eût été une étroite et méticuleuse arène pour l'expression de ces idées. On sait la position des journaux en défiance de tout ce qui n'est pas juste leur symbole arrêté et en défiance de toute polémique.

Nous préférons donc adresser notre amical conseil sous la forme d'une brochure.

Nous dirons d'abord que le général Prim a montré

une impéritie politique bien remarquable et un cœur fort peu dévoué à la patrie, en choisissant pour son entreprise de triste issue un moment où l'Espagne était engagée avec le Chili, derrière lequel il n'est pas difficile d'apercevoir l'Angleterre.

Certes, Prim est là un médiocre successeur des Ximenès, des Alberoni, et même des Palafox.

Ce que nous voyons de plus clair dans l'échauffourée Prim, c'est une lutte de personnalité. Ce n'est pas un désir de l'unité Ibérique, ce n'est pas même l'inspiration d'une idée progressiste. Nous ne voyons rien qui ait préparé ou qui puisse justifier ce mouvement. Il a cru à l'influence de son nom, il ne pouvait supporter son oisiveté, et il a prêté l'oreille à une idée entièrement anglaise. En effet, le mouvement Prim n'est pas autre chose qu'une diversion faite sous la pression anglaise, afin de forcer le ministère O'Donnell à faire des concessions au Chili, afin de forcer l'Espagne à subir le contrôle britannique.

Pour nous, Prim n'est plus Espagnol, il est Anglais. Il a reçu le baptême de ce nom lors de sa retraite du Mexique, retraite calculée avec les Anglais afin de placer la France dans une situation difficile. On avait l'espoir de voir l'armée française écrasée par le fer et par la maladie. Aujourd'hui, les Anglais ont d'immenses intérêts commerciaux dans le Chili; ils ne veulent pas laisser à l'Espagne le soin d'être le seul juge de sa conduite dans la question pendante. Pour effrayer le cabinet espagnol, qui a eu le bon sens de ne pas s'impressionner des clameurs de toute la presse anglaise, on choisit Prim pour le drapeau d'une situation nouvelle, on le force à trahir son pays; car ce n'est pas l'Espagne qu'on veut agrandir, c'est le Portugal qu'on veut décupler d'un territoire qui lui est historiquement hostile.

Lorsque l'Espagne a envoyé sa flotte dans les eaux du Chili, elle y a été poussée par des motifs graves : son honneur, ses intérêts. Que ce mouvement n'ait pas été du goût de l'Angleterre, nous le comprenons : nos amis d'outre-Manche voudraient tenir toutes les nations en lisière et imposer à toutes sa politique tortueuse et égoïste. Elle veut avoir à elle seule le droit d'occuper un point dans toutes les parties du globe. Après Solférino, lorsque l'Angleterre a escamoté Perim, contre toute espèce de droit, l'Espagne a-t-elle gendarmé le moins du monde sa presse contre ce fait?

Nos souvenirs nous servent assez pour affirmer que l'Espagne n'a rien dit dont la morgue britannique pût s'offenser.

L'Espagne a joué un grand rôle dans l'histoire. Autrefois, il fallait compter avec elle; aujourd'hui, elle se relève après un trop long sommeil, sous l'impulsion d'une main de génie, sous la main d'O'Donnell.

O'Donnell est tout simplement l'homme providentiel après lequel l'Espagne haletait après tant de bouleversements. Il arrive un moment dans la vie de tous les États où les peuples, las des révolutions, cherchent à se réfugier sous un bras protecteur, un bras de fer, un bras prudent, qui sache rassurer les bons et enchaîner les méchants. O'Donnell a été cet homme pour l'Espagne, comme d'autres l'ont été pour la France et l'Europe. Il est homme d'État dans toute la valeur de ce mot, mais sans dépouiller jamais la noble fierté particulière à sa nation. L'alliance de ces deux termes lui a permis et de réprimer le mouvement Prim, et de ne pas s'engager dans le piége cauteleux que lui tendait l'Angleterre.

Prim est venu embrouiller la question chilienne; O'Donnel la tranchera, malgré le machiavélisme de l'Angleterre.

Oui, l'Espagne a été grande et forte, et peu à peu, depuis plusieurs siècles, nous avons assisté à sa décadence. Elle s'est affaiblie par des guerres intérieures, par l'inhabileté de ses chefs, par les luttes de certains hommes qui sacrifiaient leur pays à leurs intérêts privés, à leur ambition. De là, rien de stable : des ministères de transition, jamais de cabinets définitifs; on commençait tout, on n'achevait rien; l'Espagne, appauvrie, annihilée, ne ressemblait plus à la glorieuse Castille des anciens jours.

C'est le moment où l'Espagne s'est dégagée de son linceul, où O'Donnell lui a donné sa gloire ancienne et ce qu'elle n'avait jamais connu : des finances bien organisées, des chemins de fer, l'instruction publique, des routes, bien d'autres réformes, sans compter ce que l'avenir recèle; c'est le moment où O'Donnell après avoir, au Maroc, relevé le drapeau des Gonzalve et des Ferdinand, restaure l'armée, la marine, que l'Angleterre choisit pour entraver cet élan, pour jeter des pierres dans ces roues du véritable progrès, et mettre en avant un prête-nom, un progressiste naïf, appelé Prim, dont la bravoure n'a jamais corrigé les illusions et dissipé les puériles fumées d'ambition.

Évidemment, messieurs les Anglais, c'est criminel ce que vous faites là.

Qu'importe à l'Angleterre ou aux hommes qu'elle a

achetés qu'une nouvelle guerre civile fasse retomber l'Espagne au rang des plus faibles nations. L'Angleterre aura protégé l'écoulement de ses cotons ouvrés, et quelques rêveurs de conspirations auront fait résonner stérilement leur nom impuissant à rien résoudre.

Les progressistes espagnols, soyons justes, ne veulent pas le déchaînement anti-social tel que l'ont rêvé bien des utopistes de notre France. Mais ils sont les niais de la comédie où ils jouent un rôle, et les ennemis de tout principe retireraient le fruit de leurs échauffourées, si celles-ci n'avortaient pas sans cesse.

En mettant un nom glorieux au service de ces rêveries mauvaises, Prim ne sait pas quelle responsabilité il assume devant l'histoire.

Et, chose étrange, un général d'armée régulière, comme lui, est obligé de faire l'appoint des quelques troupes qui veulent avec lui manquer à leur devoir, en enrôlant la populace de Madrid et quelques aventuriers venus de la Catalogne, le pays industriel où nos émigrés français ont porté le ferment de février et de juin.

Les classes populaires, sur lesquelles, dans les cités du moins, les progressistes s'efforcent de spéculer, n'ont pas, en Espagne, ce degré d'instruction et de culture qui leur permette de juger sainement des choses et des situations politiques, de comprendre la limite sûre et fixe, le point de démarcation de leurs droits et de leurs devoirs. C'est toute une éducation que la France elle-même, depuis soixante-dix ans, est loin d'avoir complétement faite. Les hommes lettrés et intelligents peuvent-ils se répondre qu'ils aient la notion claire et précise de ce que le mouvement de 89 leur a révélé. Il n'est donc permis de faire une révolution que lorsqu'on a eu déjà une hiérarchie vermoulue, de longs et abusifs priviléges, de longues et intolérables oppressions, et il n'est loisible d'en retirer le fruit et d'en édifier le couronnement qu'un siècle après au moins.

L'Espagne, par ses traditions, a plus d'attachement peut-être qu'un autre peuple à tout ce qui est droit et conservation; mais, par là même, il faut longtemps attendre d'elle la sécurité nécessaire pour jouir, sans tutelle aucune, des bienfaits d'une majorité illimitée. On lui a fait prendre place au banquet des nationalités et des libertés sages. La précipiter prématurément et sans préparation aucune dans une émancipation exagérée serait lui porter le coup mortel, et changer totalement, pour sa ruine, son tempérament politique.

Dans le *Charentais* du 1er décembre, nous devrions dire depuis 1860, chaque jour, dans tous les journaux de la Gironde et des Deux-Charentes, nous lisions, avec une sympathique admiration, les articles publiés par notre ami, M. H. Carvallo, consul de Perse à Bordeaux. Cet écrivain, si sage et si ardent à la fois, a mis le doigt sur la plaie, et il serait à désirer que l'Espagne comptât, outre-frontière, beaucoup de champions de cet ordre. Grand propriétaire de mines de l'autre côté des Pyrénées, environnant sa seconde patrie, qui est celle de son origine, d'un filial amour, M. H. Carvallo a l'autorité qu'il faut pour parler dans de pareilles questions. Il écrit avec la conviction et la chaleur d'un vrai Castillan, mais aussi avec le patriotisme d'un vrai Français qui comprend les destinées jumelles des deux nations. L'Angleterre aurait à compter avec l'opinion si elle possédait davantage de ces hommes pratiques, éclairés, éloquents, toujours prêts à repousser sa punique conduite à l'égard de l'Espagne. Il est probable qu'elle n'ouvrirait pas à chaque instant un feu déloyal à de si sournoises attaques contre notre voisine. M. Carvallo ne passe pas un jour sans lutter; c'est la sentinelle toujours l'arme au poing, dont jamais l'ennemi ne peut surprendre l'œil vigilant.

Sur les traces de ce Campeador français, je vais aussi consacrer ma faible épée au service de l'Espagne, mêler ma faible voix à son puissant organe.

Le progrès, le bien-être d'un peuple, sont le résultat de la paix intérieure et extérieure. Pour pouvoir s'occuper des grandes réformes, il ne faut pas que les hommes d'État aient l'esprit préoccupé de leur honneur national mis en jeu. Il ne faut pas être obligé d'enlever le laboureur à sa charrue, l'ouvrier à son outil, pour en faire des soldats. Il faut laisser le marin au commerce naval, au lieu de compléter à son aide l'effectif des vaisseaux de guerre. C'est en manquant d'idées et de bras que vous entravez la marche du progrès.

O'Donnel est plus progressiste que Prim et tous ceux qui invoquent des réformes au nom du progrès.

O'Donnel est au pouvoir, et il mesure plus sûrement les difficultés à vaincre pour changer les habitudes d'un peuple. Ceux qui veulent précipiter les événements par une révolution manquent de bon sens. Ils croient qu'il suffit d'une manifestation populaire, d'un changement de roi ou de ministère, pour apporter des améliorations. Erreur, le ministre ou le roi nouveaux se trouveront en présence des mêmes difficultés que leur prédécesseur, sans autres moyens que lui pour les vaincre.

Les mouvements progressistes chez un peuple ne peuvent s'accomplir que peu à peu et en procédant par ordre. O'Donnell le sait bien, puisqu'il est entré dans la seule voie possible, dans la voie élémentaire.

Pour que tout puisse marcher de front, il faut qu'un ministre apporte tous ses soins à créer des moyens de communications économiques et faciles; il faut donc construire des routes et des chemins de fer; il ranime par ce moyen le commerce et l'industrie; il fait baisser forcément le prix des denrées de première nécessité, ce qui constitue une économie pour les masses. En facilitant les communications, le peuple se déplace plus facilement, il ne s'immobilise pas dans les idées étroites de la province, des bourgades reculées, il vient plus souvent allumer son esprit et sa pensée à la civilisation large des grands centres.

Il faut ensuite donner le plus d'extension possible à l'enseignement du peuple; il faut faciliter les transactions commerciales à l'intérieur et à l'extérieur; il faut organiser la justice suivant les besoins de l'expérience; il faut détacher du culte tout ce qui porte un cachet de superstition et de fanatisme; il faut unir la force et la grâce dans ses relations diplomatiques : l'Espagne est en contact avec de grandes nations, avec de faibles aussi.

N'est-ce pas l'histoire d'O'Donnell que nous venons de raconter là. Ce que des siècles demanderaient à un peuple dans les conditions du peuple ibérique a été fait en cinq brèves années, sans tiraillements, sans résistance, par le bras vigoureux d'O'Donnell.

Ces grands travaux, ces réformes, ces améliorations, tout cet arsenal du progrès, ne se réalisent pourtant pas d'ordinaire dans un jour, il faut encore des années bien longues pour pouvoir obtenir ce que les esprits inquiets et trop pressés demandent brutalement, pour obtenir des compléments peut-être chimériques.

Le ministère n'attend pas vos récriminations. Il tient le drapeau du progrès, il marche en avant et non point à la remorque de ce progrès; seulement sa marche est sage comme lui. On ne réforme pas un peuple dans un an. Vous qui voulez le progrès, vous demandez le renversement de la royauté et de son ministère. Vous voyez bien que c'est vouloir effacer tout ce qui a déjà été fait; c'est vouloir éloigner les capitaux étrangers qui venaient aider la constitution de vos sociétés financières et industrielles. Si vous retombez dans cette instabilité ministérielle qui vous a épuisés pendant trop longtemps, vous éloignerez toute confiance et vous rendrez impossible la marche de ce progrès que vous sollicitez.

O'Donnell se tient à égale distance des partis ultra-libéraux qui ont hypocritement toujours prétendu la maintenir dans leurs institutions, des partis absolutistes qui voulaient faire de la jeune reine un étendard et un prétexte pour leurs rêves chimériques et leurs rétrogrades opérations.

Tous ont échoué à la peine. On a vu tour à tour Zea Bermudez, Martinez de la Rosa, Olozaga, Narvaez impuissants à résoudre les problèmes de la situation espagnole. O'Donnell a été le refuge de la monarchie castillane, et lorsqu'elle a voulu avoir une situation sérieuse sur le continent, se faire accepter par le concert européen, ne pas s'isoler de tous les hommes sages du monde entier dans les relations avec l'Italie, O'Donnell a pu seul aplanir toutes les difficultés. L'Espagne lui doit d'être une nation régulièrement ordonnée et au courant des idées nouvelles qui sont un progrès et non un péril.

Prim ne représente que les aventures, O'Donnell la stabilité et l'avenir.

Prim est venu embrouiller la question chilienne, O'Donnell la tranchera, malgré le machiavélisme de l'Angleterre.

Nous l'avons dit, l'Espagne se réveille après un long sommeil. Que son ministre déjoue les manœuvres ennemies, qu'il sorte vainqueur de cette lutte intérieure, qu'il termine la question du Chili, sans subir une pression anglaise, qu'il donne à cette solution une autorité indiscutable, appuyée sur sa vaillante épée. En agissant ainsi, il consolidera son pouvoir et celui de la reine, il forcera l'Angleterre au silence, à l'acceptation résignée de cette rude leçon, comme elle a accepté celle de la Russie lors des événements de la Pologne, et celle des États-Unis à propos du Canada.

Si O'Donnell peut atteindre ce résultat, il continuera paisiblement son œuvre progressive et donnera à l'Espagne les institutions qu'elle réclame. Il pourra rétablir son pays au premier rang des nations.

Nous n'avons pas craint un moment une défection de l'armée espagnole : Prim n'avait à espérer qu'une sorte de camaraderie de sous-officiers. Son nom a pu, pour quelques sergents, devenir un drapeau. Une armée bien disciplinée suit son chef légitime, et pas d'autre ; le général insurgé n'avait à promettre que des transformations illusoires. Prim n'a trouvé que quelques ambitieux pour satellites, et cette partie aventureuse des masses qui s'attache à toutes les causes bonnes ou mauvaises pourvu qu'on fasse luire à ses yeux le spectre du pillage.

O'Donnell agit au nom de la raison et des intérêts de son pays. Avant de se précipiter dans un mouvement insurrectionnel, l'armée, dans la personne de ses chefs, a dû tenir compte de la mission de ces deux hommes, et elle est restée fidèle au drapeau de la justice. Il y avait deux hommes dans les mains desquels semblaient se trouver les destinées de l'Espagne ; il était bien naturel de se ranger sous la bannière de celui qui était sage, et non point sous celle de celui qui était fou.

Nous l'avons dit, le véritable progrès n'a de raison d'être qu'avec une paix extérieure et intérieure. Les esprits éclairés apprenaient à détacher leur attention des grands spectacles politiques, pour étudier les améliorations à apporter dans l'industrie, le commerce, l'agriculture. Les revenus de l'État, n'étant plus absorbés par les frais de la guerre, sont appliqués à la galvanisation des forces vives de la prospérité publique, à l'enseignement, aux terres transformées, au bien-être du peuple.

Prim, qui a toujours été considéré par le peuple espagnol comme un guerillero empanaché, aurait dû se contenter de cette gloire ou se servir de sa célébrité funambulesque pour se bien garder de chercher à aider le gouvernement actuel dans sa marche ascendante. Son épée eût peut-être servi, mariée à celle d'O'Donnell ; il avait la prétention de le croire, je n'en jurerais pas. L'histoire lui eût rendu justice en lui consacrant une demi-page, il a préféré devenir l'instrument de la politique anglaise.

S'il eût triomphé, quelle eût été sa récompense ? Une dictature d'un jour peut-être, quelques millions comme à celui qui trahit la France à Waterloo. Il aurait donc vendu son épée pour de l'or ! En succombant il lui reste le refuge sur le sol anglais, pour y comploter avec tous les mécontents, pour s'efforcer, par les intrigues, d'échapper au remords, mais non au ridicule.

L'Angleterre donne asile à ceux qui ont été ses instruments, mais elle ne conserve aucune considération pour eux. Elle a toujours quelques phrases adroites pour sacrifier moralement ses coopérateurs.

Prim ne trouvera de badauds que dans une certaine classe de la société espagnole. Ces badauds ne verront que le côté don-quichottiste de l'homme qui se jette audacieusement dans une folle équipée, sans chercher même si la satisfaction des vrais intérêts populaires est au bout de son entreprise. Ses proclamations seront pour eux autant de chefs-d'œuvre littéraires destinés à orner les fastes nationaux. Ils fêteront ses précaires triomphes dans leurs journaux et pallieront ses défaites. Cette classe de la société aime les Sancho Pança et les El Noy de las Baraquetas.

Elle ne regarde pas derrière ces héros d'un jour quelles sont les ficelles qui les font mouvoir. Peu lui importe : elle ne voit que l'homme qui rompt avec le pouvoir e^t entre en lutte contre lui ; s'il réussit, il deviendra un héros légendaire ; s'il succombe, ce sera un martyr. Cette classe d'hommes aime le récit des exploits romanesques, elle s'enthousiasme des actes de courage sans tenir compte du mobile criminel de ces actes ; elle ne déteste pas les chansons du Caveau ; elle aime qu'on triomphe chevaleresquement des moulins à vent. Leurs frères, en France, prennent le nom de républicains.

Ce parti fait des barricades afin de dicter sa volonté par la force brutale. Il dédaigne la raison et le bon sens.

Sa devise, il n'en comprend pas le sens fécond et normal : liberté, égalité, fraternité; il ne lui donne que sa signification inquiétante et anarchique.

Le moment est décisif pour O'Donnell, il faut pour l'Espagne qu'il sorte vainqueur de la question du Chili. Prim vient de constater son impuissance. On comptait sur la faiblesse du gouvernement et de l'armée. On espérait une défection et un soulèvement général par le fait de la division des partis. Mais l'Espagne est fatiguée de la guerre de broussailles, elle n'a pas répondu à l'appel du comte de Montemolin : elle n'a pas davantage répondu à l'appel de Prim, si nous en exceptons El Noy de las Baraquetas.

Le temps des personnalités gouvernementales est passé, les populations comprennent qu'il est préférable de garder sur le pavois un principe et non d'y mettre un homme ambitieux, qu'il s'appelle Cabrera, Montemolin, Prim, ou El Noy de las Baraquetas.

L'Europe ne sera jamais mûre pour les institutions ultra-révolutionnaires. Que les États-Unis soient une république, nous le comprenons, c'est un peuple neuf qui avait à créer une forme sans précédents. Mais que l'Espagne mette en question ses institutions monarchiques, voilà ce qui est contraire à tous ses instincts.

La race castillane est douée d'une nature chevaleresque, qui lui fait aimer le culte de ses rois en même temps que sa propre indépendance. La pompe et l'éclat des institutions monarchiques sont nécessaires, comme sa vie elle-même et la chaude nature de son pays, à cette race méridionale, impressionnable, fastueuse.

Concevrait-on un gouvernement dépouillé de toute forme monarchique chez un peuple d'hidalgos comme le peuple espagnol?

Un roi ou une reine sont chez lui la représentation traditionnelle de l'honneur national. Ils décident une question de guerre ou de paix. Ils reçoivent, au nom de la nation, les serments de fidélité des corps constitués. En matière criminelle, ils se prononcent sur la question de vie ou de mort. Ils doivent multiplier les établissements charitables. Ils doivent saisir toutes les occasions de faire le bien, afin de justifier l'amour du peuple. Leur existence est toute de bienfaits ; généreux pour ceux qui faillissent, compatissants pour ceux qui souffrent, ils doivent être sévères pour les méchants ; leur main doit toujours être appuyée sur leur épée en signe de vigilance et de protection. Les intérêts de tous ne leur sont-ils pas confiés ? Toutes les questions d'Italie s'élaborent d'ailleurs par le concours des ministres et des conseillers intimes. Le roi et la reine délèguent leur pouvoir à un premier ministre, sur lequel pèsent toutes les responsabilités.

Il suffit d'avoir rendu des services à son pays, de s'être montré homme supérieur, d'avoir occupé des positions importantes, pour se croire capable de remplir les fonctions de premier ministre. De là les rivalités, de là ces guerres de palais où chacun s'attache à créer une difficulté au nouvel élu pour entraver sa marche.

L'ambitieux, toujours au guet, préférerait ruiner son pays que de ne pas donner un croc en jambe à l'élu de la fortune et de la nation.

Toujours Prim et O'Donnell.

Si la reine Isabelle a tous les droits voulus pour porter la couronne, elle a aussi la capacité nécessaire pour savoir distinguer les hommes. Après bien des tâtonnements elle a donné sa confiance à O'Donnell, parce que lui seul était capable d'administrer le royaume et de donner une forte impulsion aux rouages gouvernementaux, une garantie sérieuse aux puissances étrangères ; lui seul était en état de faire remonter l'Espagne à son véritable rang.

Pour arriver au faîte du pouvoir, Prim n'a pas même reculé devant le renversement d'un trône. Il a voulu, lui, renverser cette reine qui l'avait fait ce qu'il est. A son point de vue, l'Espagne pouvait-elle être mieux gouvernée par le roi de Portugal, qui a énergiquement repoussé ces insinuations ? Ce jeune prince veut régir son pays et s'acquitte noblement de la mission qui lui a été confiée par la Providence. Empiéter sur une nationalité étrangère lui semblerait un crime.

La question du Chili est peut-être appelée à des complications sérieuses qui placeraient l'Angleterre dans une fausse situation. Le Chili est une république américaine naturellement placée sous le protectorat des États-Unis. Que demain la guerre prenne de plus fortes proportions entre l'Espagne et le Chili ; si l'Espagne est vaincue, ce qui est peu probable, on laissera la question se vider entre les deux nations ; si le Chili succombe, l'Espagne occupera militairement le territoire. Les États-Unis alors croiront à une prise de possession définitive et voudront s'y opposer. De là peut naître le premier coup de canon tiré par l'Amérique sur le vieux continent.

Si l'Angleterre a des intérêts mercantiles à sauvegarder au Chili, elle n'est pas bien sûre non plus que les États-Unis la laisseront vivre en paix au Canada. Si l'Espagne avait à lutter contre les États-Unis, les questions du Canada, du Mexique et du Chili pourraient se confondre. La France et l'Angleterre seraient obligées de protéger l'Europe en protégeant l'Espagne, parce que la guerre se ferait au nom du principe des droits du peuple, ce qui soulèverait les susceptibilités libérales les plus intimes. L'Angleterre a donc un double intérêt à éteindre ce brandon de discorde qui n'est qu'une probabilité, mais une probabilité redoutable. Les esprits en Europe ont trop de penchant pour les agitations révolutionnaires pour qu'il soit besoin de leur en fournir le prétexte.

La politique anglaise est toujours la même. Lorsque l'Angleterre a compris qu'il y avait réellement alliance entre la France et la Russie, après la guerre de Crimée, et que cette alliance pouvait indirectement donner une force au soulèvement de l'Inde, elle a préparé les voies à une diversion. Elle a soulevé la Pologne et entraîné la presse française dans une carrière d'hostilités contre la Russie ; cette guerre de journaux pouvait dans sa pensée en amener une autre. Napoléon III a compris le plan, et il a tout concilié en demandant un congrès. Lorsque le roi de Prusse a été fatigué de dissoudre les Chambres qui lui refusaient des subsides, M. de Bismarck a dû chercher un dérivatif afin d'éviter une révolution qui semblait inévitable : il a soulevé la question du Slesvig-Holstein. Napoléon III a laissé cette diversion s'opérer parce que c'était un moyen de détourner les esprits de questions brûlantes. Les Chambres prussiennes ont tout accordé en présence d'une guerre, et la révolution a été étouffée. Pendant la guerre d'Italie, l'Angleterre, voulant faire encore une petite diversion à son profit, avait le dessein de s'emparer de l'Égypte, route de l'Inde, et d'empêcher le percement de l'isthme de Suez. Nous nous rappelons parfaitement cette revue navale dans les eaux d'Alexandrie, à laquelle le Sultan avait été convié. Nous nous rappelons aussi que le Sultan, se rendant à cette petite fête de famille, fut arrêté à Chio. Là, probablement on lui ouvrit les yeux. Pendant que le drapeau français se promenait triomphant dans les plaines de la Lombardie, les Anglais voulaient aussi promener le leur autour des Pyramides.

Les intrigues jalouses de l'Angleterre au moment des glorieuses victoires de Magenta et de Solférino, sont bien visibles dans cette parade navale où le Sultan devait jouer un rôle, dans ces projets avortés, dans cette affectation, un peu maladroite il faut le dire, à vouloir tout imiter pour tout absorber et tout empêcher.

Si nous voulions d'autres exemples de diversions tentées par les Anglais dans certaines questions qui les gênent, nous en fournirions bien d'autres devenus de mesquines tracasseries, le soulèvement de la Tunisie, par exemple.

L'Angleterre a pour principe, chaque fois qu'une difficulté chez ses voisins menace son commerce ou sa politique, de créer une deuxième difficulté plus grande que la première. La guerre entre l'Espagne et le Chili est donc la cause vraie du mouvement de Prim. Le mouvement de Prim est donc la diversion provoquée par l'Angleterre.

En organisant un soulèvement en Espagne, Albion nourrissait l'espoir de voir les ministres actuels renversés et remplacés par d'autres qui eussent payé le salaire de leur élévation par l'abaissement de leur patrie. Afin de compliquer le projet de soulèvement et de lui trouver une excuse, on a jeté dans les esprits futiles le mot pompeux d'unité Ibérique avec le roi de Portugal pour chef.

L'Angleterre, voyant la question escamotée au profit d'une petite nation dont elle n'a rien à redouter, et qui eût accueilli sa dépendance avec gratitude, eût laissé faire; mais on comptait sans la bonne foi chevaleresque du jeune roi Dom Luis.

Et puis le Portugal est autre chose aujourd'hui qu'une province anglaise gouvernée par l'ambassadeur.

En finissant, disons-le bien haut, O'Donnell est l'homme qui seul a pu sauver l'Espagne de toutes les impasses où elle se jetait successivement. Il a bien compris ses devoirs, et en a donné ces jours derniers d'énergiques preuves. Mais ce n'est pas assez, brave général, homme d'État auquel l'Espagne doit une éternelle reconnaissance; vous le savez, les factions ne désarment jamais dans votre beau pays. A toute minute elles demandent du sang, à toute heure elles troublent le repos et la vie de la patrie. Frappez donc d'une main de fer sur ces ambitieux criminels qui déchirent à chaque instant le sein de leur mère. Cette sévérité bienfaisante, c'est tout le peuple espagnol restauré et pacifié qui vous en rendra grâces. Frappez sans pitié aussi le spectre de la superstition, donnez à votre foyer national place à toutes les intelligences, à tous les travaux, à toutes les croyances, agrandissez le sein de cette chère patrie pour que ses enfants nouveaux la glorifient et l'enrichissent de plus en plus.

Ne serait-ce pas une honte pour l'Espagne et l'Europe que la patrie de Charles-Quint vous préférât El Noy de las Baraquetas?

Marseille, le 7 février 1866.

A. DE GUÉRIN DU CAYLA.

13

www.ingramcontent.com/pod-product-compliance
Lightning Source LLC
Chambersburg PA
CBHW051356060726
47596CB00005B/1943